As posturas do día

Las posturas del día

After Dark

PARED CONTIGUA
Colección de poesía
Homenaje a María Victoria Atencia

Homage to Maria Victoria Atencia
Poetry Collection
ADJOINING WALL

Emma Pedreira

AS POSTURAS DO DÍA

LAS POSTURAS DEL DÍA
Traducido al español por Víctor Vázquez

AFTER DARK
Translate to English by Jorge Rodríguez Durán

Nueva York Poetry Press LLC
128 Madison Avenue, Oficina 2RN
New York, NY 10016, USA
Teléfono: +1(929)354-7778
nuevayork.poetrypress@gmail.com
www.nuevayorkpoetrypress.com

As posturas do día
Las posturas del día
After Dark
© 2022 **Emma Pedreira**

ISBN-13: 978-1-958001-09-7

© Colección *Pared Contigua* vol. 7
(Homenaje a María Victoria Atencia)

© Traducción al inglés:
Jorge Rodríguez Durán

© Traducción al español, prólogo y contraportada:
Víctor Vázquez

© Dirección:
Pedro Larrea

© Edición:
Marisa Russo

© Diseño de portada:
William Velásquez Vásquez

© Diseño de interiores:
Daniela Andrade

© Fotografía de portada:
XmXespi

© Fotografía de autora:
Verónica Ramilo

Pedreira, Emma.
As posturas do día / Las posturas del día / After Dark. Emma Pedreira. 1ª ed. New York: Nueva York Poetry Press, 2023, 126 pp. 5.25" x 8".

1. Poesía española   2. Poesía europea

Todos los derechos reservados. Esta publicación no puede ser reproducida, ni en todo ni en parte, ni registrada en o transmitida por, un sistema de recuperación de información, en electroóptico, por fotocopia, o cualquier otro, sin el permiso previo por escrito de la editorial, excepto en casos de citación breve en reseñas críticas y otros usos no comerciales permitidos por la ley de derechos de autor. Para solicitar permiso, contacte a la editora por correo electrónico: nuevayork.poetrypress@gmail.com.

Emma Pedreira: salvaja y pétala.

Es Emma Pedreira poeta y bruja cósmica, gallega acorazada y mujer-brújula: siempre buscándole el norte al norte y la profundidad al propio bestiario, ese mismo que trata de ir cuidando con su palabra-medicina y al que ha conseguido dotar de garganta y enseñado a bramar y defenderse. Y es que tiene la escritura de Emma un algo de cuerpo dado la vuelta, tantas veces herido y cicatrizado como generaciones la han precedido. Tratar de fijar, como hace, esa memoria telúrica es tarea monumental, dada la delicadeza del instrumento para abrirse la entraña y hurgar como una arúspice suicida.

Es la suya una poesía necesaria, pura, construida desde la radical condición femenina y, tan verdad, que transciende y se eleva no sólo de esa condición sino también del hecho poético.

Recuerdo yo su primer libro antes de ser libro, cuando inocente pensaba que había descubierto la pólvora leyendo a Baudelaire, y mientras Emma ya había pasado a la acción y se la guardaba a manos llenas en los bolsillos para forrar lo suyo tímido de explosivo. *Diario bautismal dunha anarquista morta* fue publicado a los dos o tres años y dos décadas más tarde fue la excusa para sacarme de la solapa el alfiler de la invisibilidad y volver a encontrarnos.

Seguía siendo uno de sus mantras la resistencia a base de palabra, resistencia activa y militante para recuperar lo invisible, lo ignorado, lo silenciado durante siglos a tantas mujeres sabias (=brujas). Emma es necesaria y canalizadora. Aquelarre puro. Cicatriz de cuerpo entero, mapamundi de cicatrices que va recomponiendo como una hábil redera. Poeta de nudos, de palabras-nudo que van apretando, o destensando sólo a veces, su escritura: cuerpo, veneno, memoria..., mientras ronda el concepto de la maternidad desde todos sus flancos bruscos: como madre, como hija, la orfandad como una forma de exilio, el sexo, los hijos no nacidos o aún por nacer, el parto desencajado, el ombligo y su trastienda, el vientre con su mordedura, el tacto, la muerte tan unida al nacimiento y a la vida.

Emma va prestando su voz de tinta a aquellas bocas obligadas a callar, impedidas de historia, como ella misma dice, aunque eso suponga también volver abrir la herida en el propio cuerpo. Catarsis salvaje que, por momentos, alcanza una brutalidad lírica apabullante (*Grimorio*) hasta llegar al despiece, a la autopsia, en *Corpo*: un libro/Santo Grial, por lo inencontrable, salvo que sepan dar con la nota exactísima que abre la puerta a sus poemas.

Mantiene Emma, en todo momento, en estos tres poemarios, la sangre entre los dientes, la desfachatez de una juventud que quiere romper costuras. Descarada, con ese descaro que siempre llevan más allá los tímidos cuando se lanzan al abismo.

Es a partir de aquí en una nueva triada, donde se incluye el libro que nos ocupa: *As posturas do día*, en el que la poeta comienza a balancearse, en una nueva madurez, entre las tripas y la cabeza, en un tratar de pasar por el filtro de lo mental lo que quiere escribir la entraña en vez de saltar directamente a su garganta. Es la tensión que provoca ese difícil equilibrio, siempre al punto de caída, parte de la fortaleza pétrea de sus poemas que, sin embargo, siguen empujando el riesgo con su catálogo de verbos bruscos que se incrustan, que se reciben como pedradas directas a nuestro centro como lector, ya sea éste, en el momento de la lectura, pecho, cabeza o entraña.

Velenarias, un libro que Emma considera escrito sin reflexión, resulta abrumador y una pieza mayor en la poesía, al igual que *Os cadernos d' amor e os velenos*: otro poemario/hermano mayor en el que

Emma sigue hurgando con voz plena en las "posturas" y en los "venenos" como queriendo cerrar un círculo y aunque la figura perfecta, ella lo sabe, siempre es la espiral, centrípeta hacia su justo medio la mayoría de las veces.

Hasta este punto, el marco en el que podemos encuadrar *As posturas do día*. Un marco que, más que intentar poner límites, define un entorno que completa y trata de meter en contexto. Pasaran luego tres años hasta la publicación de un nuevo libro de poemas: *Casa de orfas*, una nueva Emma, a pesar de que su voz sea siempre reconocible, que sigue fiel a la idea de que haya una unidad conceptual en la que profundizar y no sea nunca un poemario, mero conjunto de poemas por acumulación. Por sorpresa, nos explota un haiku que lo sintetiza todo: "mi vientre es / una lucha de monstruos/ contra poemas" (*Xoguetes póstumos*), un mantra-demonio que parece haberlo dirigido todo poéticamente con su tenacidad paciente/impaciente de hilo invisible hasta ese momento. Qué decir más que los libros de Emma han continuado en altísima poesía, en narrativa y en magia (*O Elo*); pero eso forma ya parte de otra historia, de otra de las caras del poliedro.

VÍCTOR VÁZQUEZ

Xuro que ás súas costas
non escribín o libro das posturas
        nen raspei coas unllas
                os gráficos obscenos da adoración

Juro que sobre su espalda
no escribí el libro de las posturas
        ni con las uñas raspé
                los gráficos obscenos de la adoración

I swear that on his back
I did not write the book of postures
        nor with my nails I scraped
                the obscene graphics of adoration

Alucinario
EMMA PEDREIRA

1

Adíase en nós un manifesto das augas

Sei que arremetes o interior
coa subida
e o refluxo

e eu fico na ribeira do meu corpo

a pel e a pel

                    son inimigas

o mar
esta tregua
que se fai
por entre as posturas do día

1

Surge cada día en nosotros un manifiesto
        de las aguas

Sé que arremetes el interior
con la subida
y el reflujo

mientras yo me quedo en la orilla de
        mi propio cuerpo

la piel y la piel

        son enemigas

el mar
esta tregua
que se hace
por entre las posturas del día

2

É como se ulises a todo un corpo de mar
a balea que vén de sufrir unha oceanización súpeta

a través de mares
como ollos
como se ulises á espiña de galeón afogado
no punto inconstante das augas
como sendo o mesmo
e que ulises a Ulises
e levar o nome
e andar perdido nas augas
sexa
a mesma memoria

2

Es como si olieses a cuerpo de mar
A ballena que viene de sufrir una oceanización
        de repente
a través de mares
como ojos
como si olieses al armazón de un galeón sumergido
en el punto inconstante de las aguas
como siendo el mismo
y que olieses a Ulises
y llevar el nombre
y que andar perdido en las aguas
sea
la misma memoria

3

Só pola túa man
me ispo

se cadra hei de furalas
todas
como enleadas de atmosfera
entran no meu corpo
para alumear
ou para me facer unha odisea
de pel enteira

Espida de min
non teño adentras
soamente todo o do mar

                              metido

3

Sólo por tu mano
me desnudo

quizá las horadaré
todas
como envueltas de atmósfera
entran en mi cuerpo
para iluminar
o para hacerme una odisea
de piel entera

Desvestida de mi
no tengo adentros
solamente todo lo del mar

                              metido

4

(A noite procura un lugar máis lento
       antes de parir o día)

polo que hai centos de noites
derramadas
nos seus silencios

e namais
unha
que semelle corpo

4

(La noche busca un lugar más lento
            antesde parir el día)

por lo que hay cientos de noches
derramadas
en sus silencios

y apenas
una
que parezca cuerpo

5

A través da noite acado un plenilunio de ollos
        abertos
un labor de agardar ruído de animais
desde o teluro

eu mesma son como unha besta:
mordo as areas
á máis adiantada hora do sol
para salvarme da teima de morrer no día
inútil
ou de ir espida
ata o lugar onde comeza o lume
para chegarte
como ruído
de animais
enchendo a entraña

5

A través de la noche alcanzo un plenilunio de ojos
    abiertos
una labor de esperar ruido de animales
desde lo telúrico

Yo misma soy como un animal
muerdo las arenas
a la más adelantada hora del sol
para salvarme de la manía de morir en el día
inútil
o de ir desnuda
hasta el lugar donde comienza el fuego
para llegarte
como ruido
de animales
llenando la entraña

6

O meu corpo ten a queimadura
exacta
da dor

por iso ocupo todo un atlas de fumazos
e cicatrices de boca

6

Mi cuerpo tiene la quemadura
exacta
del dolor

por eso ocupo todo un atlas de humaredas
y cicatrices de boca

7

Pedírasme:

como un eco
lévame todo o día na adentra de ti
— lumínicos e ennortecidos —
que che importan o tempo   a postura   as feridas
se todo se fixo para o noso dano?

7

Me pediste:

como un eco
llévame todo el día dentro de ti
— lumínicos y ennortecidos —
qué te importan el tiempo   la postura   las heridas
si todo se hizo para nuestro daño?

8

Non se repetirá nada nese lugar
onde puiden ter sido sangue baixo o teu
          momento lácteo

nin sequera
un eco que arrinque estraño
desde o principio radial do nervio

pero que continúen as horas do día
como delimitadas elipses
do mesmo soño
facéndose aire
e escuma de corpo
que bate contra corpo
(en movemento)

8

No se repetirá nada en ese lugar
donde pude haber sido sangre bajo tu
        momento lácteo

ni siquiera
un eco que arranque extraño
desde el principio radial del nervio

pero que continúen las horas del día
como delimitadas elipses
del mismo sueño
haciéndose aire
y espuma de cuerpo
que bate contra cuerpo
(en movimiento)

9

Na dedicación da máis alta e primeirísima hora
fomos pel que se derramou
na súa nova postura

agora
apertamos o máis escuro dos cénits
entre os centros

non somos nada
máis
que un pálpito
na boca
dunha soidade cega

e a memoria

                    a memoria é unha obscenidade
compulsiva

9

En la dedicación de la más alta y primerísima hora
fuimos piel que se derramó
en su nueva postura

ahora
abrazamos el más oscuro de los cénits
entre los centros

no somos nada
más
que un pálpito
en la boca
de una soledad ciega

y la memoria

              la memoria es una obscenidad
compulsiva

10

Agora
é táctil o que a memoria demorou no seu acougo
como se chegases do fráxil momento de adiviñar
e foses lixeiro animal de chuvia
ou o máis lento tempo de facer movemento de mar
sobre min
-acontecéndome en paisaxes de deriva-

para entrar
ao fondo do sangue
e afacerme
ao medo
as túas mans abranguen catro maneiras
distintas
de facerse chuvia

10

Ahora
es táctil lo que la memoria demoró en su sosiego
como si llegases del frágil momento de adivinar
y fueses ligero animal de lluvia
o el más lento tiempo de hacer movimiento de mar
sobre mí
-sucediéndome en paisajes de deriva-

para entrar
al fondo de la sangre
y hacerme
al miedo
tus manos abarcan cuatro maneras
distintas
de hacerse lluvia

11

Agora
sinto todo o sal darredor dos ollos
que tal vez foi
como as bágoas
un presaxio da noite
que era a hora desexadísima da arribada
e que chegou coa ferida
nunha morna amencida d´auga

e penso se o meu nome
significa
abrir
se pechar é o meu instinto
e un minuto
cosido a nós

igual que un disparo

11

Ahora
siento toda la sal alrededor de los ojos
que tal vez fue
como las lágrimas
un presagio de la noche
que era la hora deseadísima de la arribada
y que llegó con la herida
en un tibio amanecer de agua

y pienso si mi nombre
significa
abrir
si cerrar es mi instinto
y un minuto
cosido a nosotros

igual que un disparo

12

Perderíame

aínda que o teu coiro estivese circunscrito en fonética oceánica
como a pel dos mapas
e perdoado pola luz
en todos os lugares aos que chega
levases unha marca de auga
na boca
e eu unha lectura enganosa prendida dos dedos
cruzada unha vez máis
de lado   a lado
esta ferida de nós
enleada no líquido negro
onde nacen os silencios e se silencian as posturas

12

Me perdería

aunque tu cuero estuviese circunscrito en fonética
oceánica
como la piel de los mapas
y perdonado por la luz
en todos los lugares a los que llega
llevases una marca de agua
en la boca
y yo una lectura engañosa prendida de los dedos
cruzada una vez más
de lado   a lado
esta herida nuestra
mezclada en el líquido negro
donde nacen los silencios y se silencian las posturas

13

Se digo que estou esperta
é que podes adobiar
o mediodía do meu corpo
e atravesar a nado
o meu embigo aberto

volver á casa
descortizar toda a boca
contra o recanto
do día

13

Si digo que estoy despierta
y que puedes adornar
el mediodía de mi cuerpo
y atravesar a nado
mi ombligo abierto

volver a la casa
descortezar toda la boca
contra el rincón
del día

14

Estou apreixada en ti
–milmilésimo morredor da miña entraña–
ocúpalo todo

14

Estoy apresada en ti
-milmilésimo moridero de mi entraña-
lo ocupas todo

15

Abránguelo todo polos lugares d´adentro
ata afacer a pel á postura do devalo

e fica
só a lingua
para facer medidas do sal

                coma barcos

15

Alcánzalo todo por los lugares de adentro
hasta acostumbrar a la piel a la postura de la bajamar

y quédate
solamente la lengua
para tomar medidas de la sal

        como barcos

16

O sitio das bágoas
é
en nós
un epicentro de mar

os naufraxios

unha postura
dos ollos

16

El sitio de las lágrimas
es
en nosotros
un epicentro de mar

los naufragios

una postura
de los ojos

17

Levo en min o común a toda soidade

unha ausencia de ollos
o silencio imposto sobre os nomes
as ganas indebidamente expostas
de desexar facer noite
en todos os corpos

e unha rotura de días
que se incrusta no silencio
que é xa
como a pel
de todas partes

17

Llevo en mí lo común a toda soledad

una ausencia de ojos
el silencio impuesto sobre los nombres
las ganas indebidamente expuestas
de desear hacer noche
en todos los cuerpos

y una fractura de días
que se incrusta en el silencio
que es ya
como la piel
de todas partes

18

Eu non sei se saberei conxurar este frío

como ti fixeches
ao galopar trémolo un espazo descoñecido
e horas do día sacodiron unha porción do mar

a través das túas inguas

o silencio ceibou o máis pesado dos privilexios:

a derradeira caricia
nunha pel
que non ha recuperar o seu inicio

18

Yo no sé si sabré conjurar

como tú has hecho
al galopar como un temblor un espacio desconocido
y horas del día sacudieron una porción del mar

a través de tus ingles

el silencio alimentó el más pesado de los privilegios:

la última caricia
en una piel
que no va a recuperar su inicio

19

Baixo todas as condicións do medo
abres
           un a un
todos os meus ollos
e ocupas unha boca de esquecemento

19

Bajo todas las condiciones del miedo
abres
         uno a uno
todos mis ojos
y ocupas una boca de olvido

20

Oxalá fosen intres de resistirse
e cravar todas as sacodidas
sobre a boca
como oferendas
ou flores eléctricas
que son así última materia do desexo
no miudísimo corpo do día
pleno
no seu alborotado sono
que non vai escampar

ata que me rebentes

ata que me rebentes ou ata que chegues
para insistir na volta da angustia
que provocou en min maremoto de pel
en soidades
carnívoras

      quixera comerche os ollos
            para ver como sabes

        e a boca
        –tamén–
      (para que non me delates nunca)

20

Ojalá fuesen estos momentos de resistirse
y clavar todas las sacudidas
sobre la boca
como ofrendas
o flores eléctricas
que son así última materia del deseo
en el menudísimo cuerpo del día
pleno
en su alborotado sueño
que no va a escampar

hasta que me revientes

hasta que me revientes o hasta que llegues
para insistir en la vuelta de la angustia
que provocó en mí un maremoto de piel
en soledades
carnívoras

       quisiera comerte los ojos
              para ver como sabes

         y la boca
        –también–
     (para que no me delates nunca)

21

Ponte polo sitio das froitas
acadando unha luz mortal
de besta
moi próxima a me incrustar amor por embaixo da pel
envorcando e
desfacendo as repetidas tres únicas posturas
que mantén o día

primeiro paso fluvial para fulminar unha espera

inchazón da pel que vai rebentar en aire
e acordar

incorporar un corpo a outro que fai encoros
e aprendendo a soterrar
consegue saber que a morte
ten algo que ver
cun abrir do día
un sentir fetal
que provoca a renuncia

(a morte é un lugar
de ser
por detrás dos ollos)

21

Colócate por el sitio de las frutas
alcanzando una luz mortal
de bestia
muy próxima a incrustarme amor bajo la piel
volteando
y deshaciendo las repetidas tres únicas posturas
que mantiene el día

primer paso fluvial para fulminar una espera

hinchazón de la piel que va a reventar en aire
y convivir

incorporar un cuerpo a otro que hace presa
y aprendiendo a enterrar
consigue saber que la muerte
tiene algo que ver
con un abrir del día
un sentir fatal
que provoca la renuncia

(la muerte es un lugar
de ser
por detrás de los ojos)

22

Sobre esta pel
empuxas soidades
cara ao sitio do retorno
rexeitas fervenzas de silencio
esaxerando as acometidas
e propulsas ditames pequenos
que enumeran a pel
suxerida aos meus dedos
e a hora xusta de facer do corpo
un lugar para o homicidio

                                        declárote
                                        morto

ouleou o teu corpo
–atravesado de armas–

respondeulle a miña ausencia

22

Sobre esta piel
empujas soledades
hacia el sitio del retorno
rechazas un hervidero de silencio
exagerando las acometidas
y propulsas dictámenes pequeños
que enumeran la piel
sugerida a mis dedos
y la hora justa de hacer del cuerpo
un lugar para el homicidio

                          te declaro
                          muerto

ya con tus óleos tu cuerpo
—atravesado de armas—

fue respondido por mi ausencia

23

Se tamén sombra que ten acubillo desde as uñas
ata o máis íntimo sitio de querer
ás desesperadas
como noutrora chegaras
sobre min
para inclinar o día ata caer
e ás escuras
meterme a noite
pola boca dentro

23

Sé también sombra que tiene amparo desde las uñas
hasta el más íntimo sitio de querer
a la desesperada
como en otro tiempo llegaste
sobre mí
para inclinar el día hasta caer
y en la oscuridad
meterme la noche
por la boca dentro.

24

Nunca o sol chegara tan cedo
á hora de estalar e reverter
todo o xarope d´adentro

agora
quero ser ti
eu
   consumido animal   asasina   e
                                     pintora coa boca

quero ser ti

para devorarme

24

Nunca el sol llegara tan temprano
a la hora de estallar y desbordar
todo el jarabe de adentro

ahora
quiero ser tú
yo
    consumido animal   asesina   y
                                        pintora con la boca

quiero ser tú

para devorarme

25

Por que
–se debías iniciar
unha viaxe arredor das augas
e non achegarte
xamais
á ribeira
por condena–
non escolliches a miña propia auga
de rosas
e me aboiaches no ventre
como pola planicie
da terra
antiga?

25

Por qué
—si debías iniciar
un viaje alrededor de las aguas
y no acercarte
jamás
a la orilla
por condena—
no escogiste mi propia agua
de rosas
y me curvaste en el vientre
como por la planicie
de la tierra
antigua?

26

Disme
que debería ser coma ela
que conduciu todo o mar
ata as súas sabas
e coseu todo
tan forte

e lle aprendeu un mesmo movemento

26

Me dices
que debería ser como ella
que condujo todo el mar
hasta sus sábanas
y los cosió
tan fuerte

y les enseñó un mismo movimiento

27

Que todo o tempo está mentido
pola miña boca
e detrás da miña ferida
hai unha memoria
aberta

como un animal que presinte
devoración
e a si mesmo
se esgaza

27

Que todo el tiempo está mentido
por mi boca
y detrás de mi herida
hay una memoria abierta

como un animal que presiente
devoración
y así mismo
se desgarra

28

Que medo tan humano

cosido o teu corpo ás miñas mans
e as feridas da boca
do día caído

desabro o agoiro
que será desunir estas frebas
e verte perder distancia
e pel en momentos
como cae a luz
perante a hora do meu corpo alto

vén
tira deste cabo vexetal
da cicatriz
que me arde toda
como é tripa e como
é poema
a desandarnos
como camiñadas de mar
adentro

28

Qué miedo tan humano

cosido tu cuerpo a mis manos
y las heridas de la boca
del día caída

desabro el augurio
que será desunir las hebras
y verte perder distancia
y piel en momentos
como cae la luz
frente a la hora de mi cuerpo alto

ven
tira de este cabo vegetal
de la cicatriz
que me arde toda
como es tripa y como
es poema
a desandarnos
como caminatas de mar
adentro

29

Logo xa non volvas

Ítaca
non está en min

29

Después ya no vuelvas

Ítaca
no está en mí

Preface to English Version

It is never easy to tackle a poetry translation, you need to meet the author halfway and negotiate the tools to interpret the poems. When Emma Pedreira commissioned me the translation of her collection *As posturas do día* I knew immediately that it was not going to be an easy task. Her poetry usually deals with tricky syntactic structures, puns, and double meanings, which is what gives her a unique voice in Galician literature. However, these literary features make the work of any translator a funfair, haunted house included.

My process of translating relies heavily on keeping the original general meaning of the poem and working through rhythm and cadence of the target language, therefore negotiating certain terms or structures in favor of the pace of the poem.

As posturas do día, the original title, can be interpreted in Galician as both the sunset and to actual physical postures of a body through a day. I knew from the beginning that I could not keep this duality in the poems as the literal translation, which would be something of the sort of "positions of the day", would not evoke the same images of bodies pushing against each other in strange positions while the sun goes down.

My solution was simple but effective in my view: I tried to build upon strong scorching images of bodies subdued to their desires while adding references to the stars, the Sun, the Moon, their position through the day and night and their effect on earthly beings.

The title of this poetry collection was perhaps the most difficult thing to come to terms to when I finished the translation of the texts. *After Dark* comes from the general feeling of the book, from those bodies present in the poems that seek each other until the reach destruction after the sun has set. These are the moments that Emma Pedreira describes in this poetry collection, the moments of the day when desire flourishes from the inner depths of oneself to reach out and become something else.

After Dark is not a literal translation of the original poetry collection and does not pretend to be. It is an interpretation into English that plays with undertones and connotations in the original and expands these meaning into new images and modes.

Although biased, my intentions were to take upon myself, as a translator, to become the bridge into which English speakers can approach Emma Pedreira's work and understand her point of view as it would be if she had written the original in English.

JORGE RODRÍGUEZ DURÁN

1

We are subdued to water

I see the way you tilt with rage your inner self
with every rise
and fall of the tide

while I stay on the shore of my own body

my skin vs your skin

                    they are natural enemies

The sea
and the truce
that is born
between each sunset

2

You reek of a big water body
a whale that pierced

through the seven seas
like two big eyes
You smell like the spine of a galleon
sunken in dark waters
You are yourself and yet
you smell like Ulysses
as if you carried his name
as if you were also lost in the sea
and had
his same memories

3

I only undress
under your hands

Maybe I should fight them
both of them
tangled in an atmosphere
they penetrate my body
to light it up
to write an Odyssey
on my skin

I feel beyond myself
and all my bowels disappear
Only the sea

     deep inside me

4

(The night is looking out for a quieter place
       to give birth in)

There are already more than a thousand nights
spilled around
each silent place

and only
one
looks like a body

5

Through the night I stay with my eyes
        wide open
waiting for an animal sound
coming from the bushes

I'm a wild creature:
biting the sand
with the early sunlight
to save myself from dying
on a useless day
or from walking
naked
towards a fire
and finding you
like a beast
coming for my depths

6

My body carries
the exact burning mark
of pain

I'm a map made out of smoke
and bite marks

7

This was your request:

like an echo
take me inside you all through your days
— the bright and the North-bound ones too —
why would you care about the weather the sunset the wounds
when everything was made
to hurt us anyway?

8

History won't repeat itself here
        in the exact spot
where I could have been blood against your milk

Not even an echo
will flourish
from the tips of my nerves

I let the days go by
like ellipses
like dreams
becoming thin air
and then here comes the sea foam of a body
crashing into another body
(both moving)

9

At first light
we became skin pouring out
into the morning hours

Now
we hug each other
and between us the darkest of zeniths is born

We are nothing
more
than a palpitation
in the mouth
of a blind Solitude

and memory

              Memory is a compulsive

obscenity

10

Now
I can touch everything memory delayed in its serenity
And you arrived right after a delicate moment of
        foreseeing us
You were a rain animal
or perhaps a slow movement of the waves
against me
-and I'm just a drifting landscape-

You keep trying to get
to the depths of my blood
and trying to make me get used to
fear
Your hands know of four
different ways
of becoming rain

11

Now
There is salt around my eyes
maybe they are leftovers from the tears
foreshadowing the night
The desired time of arrival
The descent of the wound
along with the early morning mist

I think about my name
about what it means
I think about whether shutting down
      is part of my instinct
or not
I think about how a minute
sewn to us

feels like a shot straight to the heart

12

I would get lost

even if your skin was confined by the phonetics
of the ocean
like a leather map
and forgiven by the light
in all places it reaches
you left a water mark
on my mouth
I left a wrong reading in the tip of my fingers
crossing once again
side   by side
this wound between us
surrounded by the black fluid
where silence is born and sunsets come to die

13

When I tell you I'm awake
what I really mean is that you're allowed to feast
in the midday of my body
and swim across
my open belly

Going home
feels like hurting my lips
against the pavement
that is the day

14

I can't get enough of you
—the ten thousandth dying man in my inners —
You are everything

15

You fill everything up
until my skin is of the shape of a waning moon

Leave
only your tongue
and measure the salt

                like ships

16

There is
a deep sea
in us
where we store tears

shipwrecks

a sunset
in the eyes

17

I'm wearing that which is common
        to all kinds of loneliness

The absence of your eyes
An imposed silence
The improperly shown urges
to desire the nightfall
in each body

and something odd
embedded in the silence
that has already become
the skin
of everything

18

I don't know if I'll be able to conjure up the cold

as good as you did it
when you preyed on an unknown space
and the hours of the day splashed out a fragment
 of the sea
through your groin

Silence freed the heaviest of the privileges

The last caress
to a skin
that won't be the same ever again

19

I cross out all the conditions to fear
You open
                one by one
all my eyes
and fill a mouthful of forgetfulness

20

I wish all those moments of resisting
and nailing down my movements
mouth over mouth
were as if we were making an offering
or maybe just electric daisies
the last matter of desire
in the short lifespan of a day

agitated in its own dream
that won't stop

until I'm torn apart

until you tear me apart or until you come again
and cast out this anguish
that creates a tidal wave on my skin
and in this flesh-eating
solitude

>   I wish to eat your eyes up
>   taste you
>
>   and eat your mouth up
>   –too–
>   (so you can't give my crimes away)

21

Stay near where fruit grows
embracing the deadly glow
of a beast
close to inlaying love beneath my skin
Repeating
and undoing all three positions of the sun
trapped in a day

We create a bridge to avoid waiting

A swelling that will burst
and then I remember

how to join a regular body to
a body that builds dams in itself
and only by learning how to bury everything
I can understand that death
has a lot to do
with the opening of a new day
A fetal feeling
of surrendering

(Death is a place
of being
behind the eyes)

22

Push your loneliness
against my skin
towards the place where a waterfall of silence
materializes
broadening my rivers
Make a list of all the small nicknames
you give the different parts of my body
starting with the tip of my fingers
and at the right time make all this land
the perfect place for murder

                                      I declare you
                                          dead

Your body howled
–while spears pierced through it–

in response to my absence

23

Become a shadow against my body
from my nails up to the most intimate place of
love
frantically
like those other times you arrived
here
bending the day until it collapsed
and after dark
you put the night
in my mouth

24

The Sun never arrived sooner than today
at the time of bursting and mopping up
our inner syrup

now
I want to become you
Me
   a dying animal   deadly
                                      a mouth painter

I want to become you

and eat me

25

Why
—if you had to begin
a trip through the sea
but never
arrive
ashore—
didn't you choose
my
rose waters
and floated on my belly
as if it was
an ancient
land?

26

You told me
I should be more like her
like the one that led the water
up to her sheets
like the one that sew everything
so tight

that left only one possible movement

27

I have endless hours lying
through my mouth
and behind my wound
there is an open memory

an animal foreboding
its demise
and self-inflicting
a quick death

28

Such a human fear it is

to have your body sewn to my hands
and to the wounds
of a past day

I think of the doom
that is separating fibers
and seeing you breaking the distance between us
and your skin
in the same way as light breaks
through the midday of my body

Come
Pull this vegetal string
on my scar
Stop this burning feeling
in my gut
in a poem
walking
backwards
from the sea

29

Don't you dare coming back

Ithaca
is not in me

ACERCA DE LA AUTORA

Emma Pedreira (A Coruña, 1978). Poeta y narradora en lengua gallega. Como poeta publicó más de diez títulos entre los que destacan *Libro das mentiras (Libro de las mentiras)*, *Antídoto o As voces ágrafas (Las voces ágrafas)*. Su poema "Lista da compra da viúva" ("Lista de la compra de la viúda") fue considerado en 2017 el Mejor Poema del Mundo, ganando a tal efecto el Premio Jovellanos de Poesía. Fue musicado por el músico Xoao Berlai en su último trabajo, "Cas Berlai". Otros poemas suyos como "É importante falar baixiño agora o Castelo de Mentiras" fueron versionados y musicados por la música y poeta asturiana Ana Lamela ou Sapo de Lesbos por el grupo vigués Xardín Desordenado.

Como narradora publicó *Bsta do seu sangue (Bestia de su sangre*. Premio Xerais de Novela 2018 e Arzebispo San Clemente del público estudiantil). Bibliópats y Fobólogos resultó Premio de la Crítica Española en Lengua Gallega en 2017 y en 2021 recibió una beca para ser traducido al inglés por la profesora emérita Kathleen March. En 2019 publica su primera obra para el público juvenil, *Os corpos invisibles / Los cuerpos invisibles*, que recibió el Premio Jules Verne de Literatura Juvenil y el premio de la Gala del Libro Gallego 2020 como mejor obra juvenil.

En Baía Edicións publicó las novelas *As fauces feroces/Las fauces ferorces*, traducida al inglés como *Voracious* y es una de las autoras incluídas en la colectánea de narradoras actuales Entre Donas.

En 2021 publica, junto con la ilustradora Laura Romero, el libro XelArias, palabra á intemperie, que visita, en clave de biografía poética de Xela Arias, poeta y traductora a la que se le dedican las Letras Galegas de 2021.

Como traductora ha traducido al castellano su propia obra dentro del libro bilingüe gallego-castellano *Antídoto* o la traducción al español de *Corazón y demás tripas*.

Como artista plástica hace pequeños libros de artista y collages, como los que ilustran el poemario a cuatro manos *O Elo*, junto con Quico Valeiras y creó portadas para libros, diarios y revistas, así como ilustraciones interiores. Además, sus obras poético-visuales *O fotógrafo y As cicatrices son para a amante*, combinan poesía y collage.

ÍNDICE

As posturas do día
Las posturas del día
After Dark

Emma Pedreira: salvaja y pétala · 11

1 · 16
2 · 18
3 · 20
4 · 22
5 · 24
6 · 26
7 · 28
8 · 30
9 · 32
10 · 34
11 · 36
12 · 38
13 · 40
14 · 42

15 ·	44
16 ·	46
17 ·	48
18 ·	50
19 ·	52
20 ·	54
21 ·	56
22 ·	58
23 ·	60
24 ·	62
25 ·	64
26 ·	66
27 ·	68
28 ·	70
29 ·	72
Preface to English version ·	75
1 ·	79
2 ·	80
3 ·	81
4 ·	82

5 ·	83
6 ·	84
7 ·	85
8 ·	86
9 ·	87
10 ·	88
11 ·	89
12 ·	90
13 ·	91
14 ·	92
15 ·	93
16 ·	94
17 ·	95
18 ·	96
19 ·	97
20 ·	98
21 ·	99
22 ·	100
23 ·	101
24 ·	102
25 ·	103

26 · 104
27 · 105
28 · 106
29 · 107

Acerca de la autora · 111

Colección
PARED CONTIGUA
Poesía española
(Homenaje a María Victoria Atencia)

1
La orilla libre / The Free Shore
Pedro Larrea

2
No eres nadie hasta que te disparan /
You Are Nobody Until You Get Shot
Rafael Soler

3
Cantos : & : Ucronías / Songs : & : Uchronies
Miguel Ángel Muñoz Sanjuán

4
13 Lunas 13 / 13 Moons 13
Tina Escaja

5
Las razones del hombre delgado
Rafael Soler

6
Carnalidad del frío / Carnality of Cold
María Ángeles Pérez López

7
As posturas do día / Las posturas del día / After Dark
Emma Pedreira

Nueva York Poetry Press

COLECCIONES

POESÍA

CUARTEL
Premios de poesía
Homenaje a Clemencia Tariffa (Colombia)

CRUZANDO EL AGUA
Poesía traducida al español
Homenaje a Sylvia Plath (Estados Unidos)

INTO MY GARDEN
English Poetry
Homage to Emily Dickinson (United States)

LABIOS EN LLAMAS
Opera prima
Homenaje a Lydia Dávila (Ecuador)

MEMORIA DE LA FIEBRE
Poesía feminista
Homenaje a Carilda Oliver Labra (Cuba)

MUSEO SALVAJE
Poesía latinoamericana
Homenaje a Olga Orozco (Argentina)

PARED CONTIGUA
Poesía española
Homenaje a María Victoria Atencia (España)

REINO DEL REVÉS
Poesía infantil
Homenaje a María Elena Walsh (Argentina)

SOBREVIVO
Poesía social
Homenaje a Claribel Alegría (Nicaragua)

TRÁNSITO DE FUEGO
Poesía centroamericana y mexicana
Homenaje a Eunice Odio (Costa Rica)

VÍSPERA DEL SUEÑO
Poesía hispanounidense
Homenaje a Aida Cartagena Portalatin (Republica Dominicana)

VIVO FUEGO
Poesía esencial
Homenaje a Concha Urquiza (Mexico)

VEINTE SURCOS
Antologías colectivas
Homenaje a Julia de Burgos (Puerto Rico)

PREMIO INTERNACIONAL DE POESÍA NUEVA YORK POETRY PRESS
Colección de libros premiados

OTRAS
COLECCIONES

DESARTICULACIONES
Otros discursos
Homage to Silvia Molloy (Argentina)

INCENDIARIO
Narrativa
Homage to Beatriz Guido (Argentina)

SUR
Ensayo
Homage to Victoria Ocampo (Argentina)

TEJER LA RONDA
Literatura infantil
Homage to Gabriela Mistral(Chile)

Para los que piensan, como María Victoria Atencia, "que pusiste luz -y una súbita sombra- en los paisajes que en la pared me miran escribirte", este libro se terminó de imprimir en mayo de 2023 en los Estados Unidos de América.

www.ingramcontent.com/pod-product-compliance
Lightning Source LLC
Chambersburg PA
CBHW031138090426
42738CB00008B/1143